BEI GRIN MACHT SICH IHR
WISSEN BEZAHLT

- Wir veröffentlichen Ihre Hausarbeit,
  Bachelor- und Masterarbeit

- Ihr eigenes eBook und Buch -
  weltweit in allen wichtigen Shops

- Verdienen Sie an jedem Verkauf

Jetzt bei www.GRIN.com hochladen
und kostenlos publizieren

Prozessmanagement mit ERP-Systemen am Beispiel des Procure-to-Pay-Prozesses

GRIN

Bibliografische Information der Deutschen Nationalbibliothek:

Die Deutsche Nationalbibliothek verzeichnet diese Publikation in der Deutschen Nationalbibliografie; detaillierte bibliografische Daten sind im Internet über http://dnb.d-nb.de abrufbar.

ISBN: 9783346846341
Dieses Buch ist auch als E-Book erhältlich.

Druck und Bindung: Books on Demand GmbH, Norderstedt Germany
Gedruckt auf säurefreiem Papier aus verantwortungsvollen Quellen

Das vorliegende Werk wurde sorgfältig erarbeitet. Dennoch übernehmen Autoren und Verlag für die Richtigkeit von Angaben, Hinweisen, Links und Ratschlägen sowie eventuelle Druckfehler keine Haftung.

Das Buch bei GRIN: https://www.grin.com/document/1340533

Einsendeaufgaben

Alternative C – Prozessmanagement mit ERP-Systemen am Beispiel des Procure-to-Pay Prozesses

SRH Fernhochschule

Modul:
ERP-Systeme – Einführung und Anwendung

Studiengang:
Wirtschaftsinformatik B.Sc.

2

Inhaltsverzeichnis

Abkürzungsverzeichnis

BPM	Business Process Management
BPMN	Business Process Model and Notation
CPO	Chief Process Officer
eEPK	erweiterte Ereignisgesteuerte Prozesskette
EDI	Electronic Data Interchange
EPK	Ereignisgesteuerte Prozesskette
ERP	Enterprise Resource Planning
GPM	Geschäftsprozessmanagement
IT	Informationstechnik
SRM	Supplier Relationship Management

Abbildungsverzeichnis

Aufgabe 1 – Business Process Management

Business Process Management (BPM), zu Deutsch Geschäftsprozessmanagement (GPM), bezeichnet die „Gesamtheit von Methoden (…) zum Identifizieren, Erheben, Analysieren, Verbessern, Ausführen und Überwachen von Geschäftsprozessen, die das Ziel verfolgen, deren Leistung zu optimieren" (Dumas, La Rosa, Mendling & Reijers, 2021, S. 7, im Original hervorgehoben). Definiert als die „zeitlich-logische Abfolge von Aktivitäten zur Erfüllung einer betrieblichen Aufgabe" (Allweyer, 2005, S. 47), handelt es sich bei Geschäftsprozessen um sogenannte End-to-End Prozesse, die durch einen Bedarf eines internen oder externen Kunden ausgelöst werden und mit der Erbringung einer Leistung für diesen Kunden enden. Geschäftsprozesse bilden damit die Basis für die Wertschöpfung eines Unternehmens und zeichnen sich durch eine konsequente Kundenorientierung aus (Gadatsch, 2020, S. 15; Leimeister, 2021, S. 212). Darauf aufbauend besteht das zentrale Ziel des BPMs darin, „durch Optimierung der Geschäftsprozesse die Effektivität und Effizienz der Organisation zu erhöhen, strategische Erfolgspotenziale auf- und auszubauen sowie den Wert der Organisation nachhaltig zu steigern." (Schmelzer & Sesselmann, 2020, S. 59).

BPM als zentrale Organisationseinheit in diversifizierten Unternehmen

Aufgrund der hohen Bedeutung von Geschäftsprozessen für ein Unternehmen wird die Verantwortung für das BPM häufig an eine eigene Fachabteilung übertragen (Wollert, 2019, S. 69). Die Prozessmanagement-Abteilung bzw. das BPM-Office ist die zentrale Stelle im Unternehmen, „die als Kompetenzzentrum die organisationsübergreifende Implementierung, Koordinierung, Überwachung und Optimierung des GPM-Systems, der Geschäftsprozesse sowie der Process Governance koordiniert" (Schmelzer & Sesselmann, 2020, S. 283). Dabei fallen insbesondere bei diversifizierten Unternehmen mit mehreren Geschäftsbereichen umfassende Koordinationsaufgaben an, die in den Zuständigkeitsbereich des BPM-Office fallen (Schmelzer & Sesselmann, 2020, S. 277). Dieses agiert losgelöst vom Tagesgeschäft und ermöglicht durch seinen abteilungsübergreifenden Überblick über die gesamte Prozesslandschaft eine zielorientierte Gestaltung der Geschäftsprozesse (Wollert, 2019, S. 72).

Die Etablierung des BPMs als zentrale Organisationseinheit ist besonders im Hinblick auf die strategische Steuerung der Geschäftsprozesse essentiell. Denn nur so kann das gesamte Unternehmen auf die Geschäftsstrategie ausgerichtet, fortlaufend an strategische Veränderungen angepasst und in der Folge dessen Wettbewerbsfähigkeit nachhaltig gesichert werden (Schmelzer & Sesselmann, 2020, 27, 269). Verbleibt die Geschäftsprozessverantwortung dagegen, wie dies in der Praxis nach wie vor häufig der Fall ist, bei der Unternehmensleitung, besteht die Gefahr, dass diese die Aufgabe nicht adäquat durchführen kann. Während dies bei kleineren Unternehmen noch praktikabel sein kann, ergeben sich bei größeren Unternehmen schnell Probleme (Gadatsch, 2020, S. 55). Dennoch lässt sich ein effektives und effizientes BPM nur mit aktiver Unterstützung des Topmanagements realisieren (Schmelzer & Sesselmann, 2020, S. 29).

Der Leiter des zentralen Geschäftsprozessmanagements, der auch als Chief Process Officer (CPO) bezeichnet wird, leitet das BPM-Office und wird umgekehrt von diesem in fachlicher und administrativer Hinsicht unterstützt. Gleichzeitig ist er Bindeglied zum obersten Management eines Unternehmens. Der Schwerpunkt des CPO liegt dabei auf strategischen BPM-Aufgaben wie der Ableitung von Prozesszielen aus den strategischen Geschäftszielen, der Planung der Prozessstrategie, der Standardisierung von Geschäftsprozessen sowie der Identifizierung und dem Ausbau von Erfolgspotenzialen durch das BPM (Schmelzer & Sesselmann, 2020, S. 274–275). Gleichzeitig übernimmt er die Gesamtverantwortung für die Weiterentwicklung und Optimierung des BPMs im Unternehmen (Schmelzer & Sesselmann, 2020, S. 29) und verantwortet dessen Ergebnisse (Dumas et al., 2021, S. 564–565). Dabei ist er weniger für einzelne Geschäftsprozesse verantwortlich als vielmehr für deren Zusammenspiel im Hinblick auf die Erfüllung der Kundenbedürfnisse (Gadatsch, 2020, S. 55). Das BPM wird folglich durch den CPO und das BPM-Office institutionalisiert (Schmelzer & Sesselmann, 2020, S. 833)

Die Führungsverantwortung für die einzelnen Geschäftsprozesse liegt dagegen beim jeweiligen Geschäftsprozessverantwortlichen, der neben der fortlaufenden Steuerung und Optimierung der Geschäftsprozesse auch für deren Zielerreichung verantwortlich ist (Schmelzer & Sesselmann, 2020, S. 29; Schwarz, Neumann & Teich, 2018, S. 36). Seine Aufgabe ist es, den effizienten und effektiven Ablauf eines bestimmten Geschäftsprozesses sicherzustellen (Dumas et al., 2021, S. 28).

Aufgaben des BPMs

Aufbauend auf dem Lebenszyklus von Geschäftsprozessen, der aus Prozessidentifikation-, -erhebung, -analyse, -verbesserung, -implementierung und -überwachung besteht (Dumas et al., 2021, S. 26–27), lassen sich die zentralen Aufgaben des BPMs ableiten.

Vorweggenommen werden soll an dieser Stelle die Prozessidentifikation, die sich im Gegensatz zu den weiteren Phasen auf das strategische BPM bezieht und gleichzeitig den Rahmen für das operative BPM bildet (Wollert, 2019, S. 73–74). Sie stellt den ersten und gleichzeitig wichtigsten Schritt im BPM dar, da hier erhoben wird, welche Geschäftsprozesse benötigt werden, um die Bedürfnisse der Kunden zu befriedigen und die Unternehmensziele nachhaltig zu erreichen (Schmelzer & Sesselmann, 2020, S. 212). Im Idealfall erfolgt im Rahmen der Prozessidentifikation zudem bereits die Definition von Prozesskennzahlen, anhand derer die Geschäftsprozesse später analysiert und überwacht werden (Dumas et al., 2021, S. 19).

Sind die relevanten Geschäftsprozesse identifiziert, beginnt mit der Prozesserhebung der eigentliche BPM-Lebenszyklus (Dumas et al., 2021, S. 26). Demnach bestehen die fünf elementaren Aufgaben des operativen BPMs in der Aufnahme bzw. Erhebung, Analyse, Optimierung, Implementierung und Überwachung der Geschäftsprozesse (Dumas et al., 2021, S. 26; Wollert, 2019, S. 75). Bei der Prozesserhebung geht es vereinfacht gesagt darum, die identifizierten Geschäftsprozesse im Detail zu verstehen (Dumas et al., 2021, S. 20) und deren aktuellen Status zu dokumentieren. Hierzu werden die Geschäftsprozesse modelliert und entsprechende Ist-Geschäftsprozessmodelle entworfen (Gadatsch, 2020, S. 25–27; Koschmider, 2021, S. 11). Die Anwendung geeigneter Modellierungsmethoden ist dabei Voraussetzung für eine adäquate Analyse und Optimierung der Geschäftsprozesse (Leimeister, 2021, S. 210).

Aufbauend auf der Prozesserhebung werden die Geschäftsprozesse hinsichtlich ihres Beitrags zur Erfüllung der Prozessziele analysiert (Schmelzer & Sesselmann, 2020, S. 215). Im Detail geht es dabei zum einen um die Bewertung von organisatorischen, prozessualen und technologischen Schwachstellen (Wollert, 2019, S. 75) und zum anderen um die Identifikation von unproduktiven bzw. überflüssigen Geschäftsprozessen (Schmelzer & Sesselmann, 2020, S. 215). Nicht wertschöpfende Geschäftsprozesse bzw. Teilprozesse werden anschließend eliminiert (Schmelzer & Sesselmann, 2020, S. 223). In der Praxis ist die Prozessanalyse häufig in erster Linie betriebswirtschaftlich orientiert (Gadatsch, 2020, S. 55).

Nachdem die Schwachstellen innerhalb der Geschäftsprozesse im Rahmen der Prozessanalyse identifiziert und bewertet wurden, müssen die Geschäftsprozesse hinsichtlich der Zielvorgaben optimiert bzw. neue Geschäftsprozesse gestaltet werden. Dies führt im Ergebnis zu im Vergleich zu den Ist-Prozessmodellen optimierten Soll-Geschäftsprozessmodellen, durch die die verbesserten Geschäftsprozesse formal beschrieben werden (Dumas et al., 2021, S. 24; Gadatsch, 2020, S. 26). Dementsprechend besteht das zentrale Ziel der Geschäftsprozessoptimierung in der Steigerung der Prozessperformance, sodass die strategischen und operativen Prozessziele nachhaltig erreicht werden (Schmelzer & Sesselmann, 2020, S. 16). Dies impliziert die konsequente Ausrichtung aller Aktivitäten an den Kundenanforderungen, da nur so eine nachhaltige Verbesserung der Wettbewerbsfähigkeit eines Unternehmens erzielt werden kann (Gadatsch, 2020, S. 36).

Nach Abschluss der Gestaltung der Geschäftsprozesse erfolgt deren Implementierung im Sinne der Umsetzung der Soll-Geschäftsprozessmodelle (Gadatsch, 2020, S. 25–27; Koschmider, 2021, S. 11). Die optimierten bzw. neu gestalteten Soll-Geschäftsprozesse werden im Unternehmen etabliert, wobei eine erfolgreiche Umsetzung dieser sowohl organisatorische als auch technische Veränderungen mit sich bringen kann. Erstere beziehen sich dabei auf Änderungen am Prozess selbst, während zweitere die sich aus den organisatorischen Änderungen am Prozess ergebenden Anpassungen der Informations- und Kommunikationstechnologie beinhalten (Schwarz et al., 2018, S. 36). So muss das IT-System so konfiguriert werden, dass es die neuen bzw. geänderten Prozesse unterstützt (Dumas et al., 2021, S. 25). Die operative Umsetzung der Soll-Geschäftsprozesse im Tagesgeschäft kann deshalb auch dem Change Management zugeschrieben werden (Schwarz et al., 2018, S. 36; Wollert, 2019, S. 75).

Schließlich werden die Geschäftsprozesse durch laufendes Monitoring hinsichtlich ihrer Zielerreichung überwacht (Gadatsch, 2020, S. 25–27; Koschmider, 2021, S. 11). Dies erfolgt häufig anhand von definierten Prozesskennzahlen (Gadatsch, 2020, S. 55; Schmelzer & Sesselmann, 2020, S. 16). Ergeben sich hierbei Abweichungen der Prozessergebnisse von den erwarteten Ergebnissen wird je nach Grad der Abweichung eine erneute Prozessoptimierung oder eine Re-Modellierung der Geschäftsprozesse vorgenommen (Gadatsch, 2020, S. 26–27; Koschmider, 2021, S. 11).

Einführung eines BPMs auf Grundlage sich verändernder Rahmenbedingungen

BPM „gewinnt als Alternative zu funktionalen Organisationsstrukturen und Führungskonzepten zunehmend an Bedeutung, da es auf die heutigen und zukünftigen Herausforderungen schneller, flexibler, effizienter und nachhaltiger reagieren kann" (Schmelzer & Sesselmann, 2020, S. 32). Hintergrund ist, dass viele Effektivitäts- und Effizienzprobleme in Organisationen ihre Ursache in nicht vorhandenen oder unzureichenden Geschäftsprozessen haben (Schmelzer & Sesselmann, 2020, S. 59). Umgekehrt steigert eine konsequente Prozessorientierung die Effektivität und Effizienz von Organisationen, indem sie organisatorische Schnittstellen reduziert (Schmelzer & Sesselmann, 2020, S. 23). Ein Unternehmen ist demnach umso leistungsfähiger, je klarer es seine

Geschäftsprozesse definiert und je konsequenter es diese bei der Erfüllung einer betrieblichen Aufgabe umsetzt (Fleischmann, Oppl, Schmidt & Stary, 2018, S. 2). Insbesondere aufgrund der dynamischen Wettbewerbs- und Rahmenbedingungen sollten Unternehmen das Potenzial des BPMs nutzen, um ihre Wettbewerbsposition nachhaltig zu stärken (Schwarz et al., 2018, S. 2). Auch Allweyer (2005, S. 7) betont, dass die Bewältigung der Herausforderungen, die sich aus dem komplexen und dynamischen Unternehmensumfeld mit sich ständig ändernden Rahmenbedingungen ergeben, wesentlich mit der Schaffung geeigneter Geschäftsprozesse zusammenhängt.

Dies wird umso deutlicher wenn man bedenkt, dass Geschäftsprozesse die Grundlage für die Umsetzung der Geschäftsstrategie, d.h. der Strategie einer Geschäftseinheit, bilden. Erhöht ein Unternehmen die Variantenvielfalt seiner Produkte bilden folglich Geschäftsprozesse die Basis für die Umsetzung der beabsichtigten Diversifikation (Schmelzer & Sesselmann, 2020, S. 112). Veränderte Rahmenbedingungen sind deshalb ein häufiger Grund für die Einführung eines BPMs (Schmelzer & Sesselmann, 2020, S. 28). Dennoch lässt sich in vielen Unternehmen nach wie vor ein Festhalten an funktionalen Organisationsformen beobachten (Schmelzer & Sesselmann, 2020, S. 266).

Funktionale Organisationen, bei der eine Gliederung der Aufbauorganisation nach Funktionen erfolgt (Schmelzer & Sesselmann, 2020, S. 297), haben insbesondere bei stabilen Märkten und geringer Produktvielfalt durch ihre Spezialisierung auf bestimmte, funktionsbezogene Verrichtungen, Vorteile. Bei einer höheren Produktvielfalt bzw. einer höheren Diversifikation oder sich schnell verändernden Rahmenbedingungen stoßen diese dagegen an ihre Grenzen, sodass sich durch den Übergang zu einer Prozessorganisation, bei der nicht mehr Abteilungen, sondern Geschäftsprozesse im Zentrum der Organisation stehen, wesentliche Vorteile ergeben. Da sich Geschäftsprozesse immer über Abteilungen und Funktionen hinweg erstrecken, kann durch die Einführung einer Prozessorganisation und darauf aufbauendem BPM eine höhere Kundenorientierung und eine insgesamt gesteigerte Organisationseffizienz erzielt werden (Schmelzer & Sesselmann, 2020, S. 300–301). Die Einführung von BPM führt somit durch die stärkere Kunden- und Wertschöpfungsorientierung sowie die gesteigerte Flexibilität, die sich aus dem Wandel von einer Funktions- hin zu einer Prozessorganisation ergibt, zu einer Verbesserung der Produkt- bzw. Leistungsqualität, einer Steigerung der Kundenzufriedenheit sowie einer höheren Produktivität (Schmelzer & Sesselmann, 2020, S. 803–805). Fleischmann et al. (2018, S. 2) betont in diesem Zusammenhang, dass viele Unternehmen „ihre Wettbewerbsfähigkeit nicht (mehr) nur auf die Besonderheit ihrer Produkte, sondern auf die Güte der Geschäftsprozesse" gründen.

Aufgabe 2 – Ansätze zur Modellierung von Geschäftsprozessen

Geschäftsprozesse werden durch Geschäftsprozessmodelle formal beschrieben (Gadatsch, 2020, S. 89). Die Prozessmodellierung wird dabei als „die vollständige, formale, präzise und konsistente Beschreibung von Geschäftsprozessen verstanden." (Schmelzer & Sesselmann, 2020, S. 645), wobei die in diesem Zusammenhang am häufigsten genutzten Methoden die Ereignisgesteuerte Prozesskette (EPK) bzw. erweiterte Ereignisgesteuerte Prozesskette (eEPK) und die Business Process Model and Notation (BPMN) sind (Bächle, Daurer & Kolb, 2021, S. 64).

Prozessmodellierung mittels EPK bzw. eEPK

Die EPK ist eine nicht standardisierte, semiformale Modellierungssprache zur Erstellung fachlicher Prozessmodelle (Schmelzer & Sesselmann, 2020, S. 649). Sie war vor allem in den deutschsprachigen Ländern lange Zeit die meist genutzte Methode für die Modellierung von Geschäftsprozessen (Gadatsch, 2020, S. 102; Laue, 2021, S. 31). Ergänzend zu dem in einer EPK abgebildeten Geschäftsprozess erweitert die eEPK diesen um Informationen über dessen Ausführungskontext, d.h. die Organisations- und Datensicht (Fleischmann et al., 2018, S. 78).

Ein Geschäftsprozess wird bei der Modellierung mittels EPK stets als alternierende Folge von Ereignissen und Funktionen dargestellt, wobei eine EPK immer mit einem Ereignis beginnt und endet. Funktionen beschreiben in diesem Zusammenhang immer einen Vorgang wie z.B. „Antrag prüfen", Ereignisse dagegen einen Zustand wie z.B. „Antrag abgelehnt" (Fleischmann et al., 2018, S. 79). Da Funktionen Tätigkeiten, die innerhalb eines Prozesses ausgeführt werden, repräsentieren, sind diese in der Lage, den Zustand von Objekten zu ändern und somit Entscheidungen über den weiteren Prozessablauf zu treffen. Ereignisse besitzen dagegen keine Entscheidungskompetenz. Sie repräsentieren lediglich ablaufrelevante Zustandsänderungen von Objekten (Gadatsch, 2020, S. 106–107; Rosemann, Schwegmann & Delfmann, 2012, S. 67–68). Start-Ereignisse lösen dabei einen Prozess aus, während Ende-Ereignisse den Abschluss eines Prozesses markieren (Fleischmann et al., 2018, S. 79). Abweichend von der Theorie gibt es allerdings aus praktischen Gründen mitunter Ausnahmen von der Grundregel, dass sich Ereignisse und Funktionen stets abwechseln müssen. So dürfen in der Praxis auch Funktionen auf Funktionen folgen, wenn das Zwischenergebnis trivialer Art ist und das Modell lediglich unnötig komplex machen würde (Bächle et al., 2021, S. 67; Rosemann et al., 2012, S. 69), sowie Ereignisse auf Ereignisse folgen, sofern „dies mehr Klarheit schafft oder aus organisatorischen Gründen sinnvoll ist" (Gadatsch, 2020, S. 113). Um

Entscheidungen im Prozessablauf abzubilden, nutzt die EPK sogenannte Konnektoren bzw. Verknüpfungsoperatoren. Zusätzlich lassen sich damit auch parallele Abläufe in einem Geschäftsprozess modellieren. Zur Verfügung stehende Operatoren sind dabei der UND-, ODER- und XOR-Konnektor, wobei letzterer auch als exklusives ODER bezeichnet wird, da er einander ausschließende Alternativen im Prozessablauf beschreibt (Fleischmann et al., 2018, S. 78–80).

Die Basisnotation der EPK-Methode beschreibt den Ablauf eines Geschäftsprozesses folglich mit nur wenigen Grundsymbolen (Gadatsch, 2020, S. 106). Deren Verbindung erfolgt dabei mittels sogenannter gerichteter Kanten. Diese repräsentieren in Form von Pfeilen die Kontrollflüsse zwischen Funktionen, Ereignissen und Konnektoren, wobei Funktionen und Ereignisse jeweils nur eine eingehende und eine ausgehende Kante als Kontrollfluss haben dürfen. Da Konnektoren alternative oder parallele Abläufe im Geschäftsprozess darstellen, können diese mitunter mehrere ein- bzw. ausgehende Kanten besitzen (Bächle et al., 2021, S. 66–67; Fleischmann et al., 2018, S. 51).

Um „aussagekräftige Modelle für den praktischen Einsatz zu erstellen", reicht die Basisnotation der EPK allerdings häufig nicht aus (Gadatsch, 2020, S. 120). Aus diesem Grund erweitert die eEPK den in einer EPK abgebildeten Geschäftsprozess um seinen organisationalen Kontext (Fleischmann et al., 2018, S. 72). So können „aus der Organisationssicht die ausführenden Akteure, Rollen oder Organisationseinheiten zugeordnet werden, aus der Datensicht die relevanten Dokumente oder Datenobjekte" (Fleischmann et al., 2018, S. 78). Dabei gilt es zu beachten, dass die zusätzlichen Elemente der eEPK nur Funktionen, nicht aber Ereignissen zugeordnet werden können. Zu den gängigsten Erweiterungen der EPK-Notation in der eEPK zählen die Organisationseinheit, das Anwendungssystem sowie das Informationsobjekt. Die Organisationseinheit dient dabei der Abbildung von Verantwortlichkeiten in einem Geschäftsprozessmodell (Fleischmann et al., 2018, S. 83–85). Konkret bedeutet dies, dass die zugeordnete Organisationseinheit für die Ausführung der betreffenden Funktion verantwortlich ist (Bächle et al., 2021, S. 66). Das Anwendungssystem kennzeichnet „die Notwendigkeit, bei der Ausführung einer Funktion ein bestimmtes IT-System einzusetzen" (Fleischmann et al., 2018, S. 84). Durch die Angabe des Anwendungssystems lässt sich die Unterstützung der Geschäftsprozesse durch Informationstechnik (IT) darstellen (Gadatsch, 2020, S. 121; Rosemann et al., 2012, S. 70). Informationsobjekte dienen dagegen der Darstellung der Datenverarbeitung in einem Geschäftsprozess. Es handelt sich dabei um die Informationen bzw. Daten, die von einer Funktion zu deren Ausführung benötigt bzw. von einer Funktion erzeugt oder verändert werden (Bächle et al., 2021, S. 66; Fleischmann et al., 2018, S. 85). Darüber hinaus existieren in der eEPK weitere

Notationselemente wie Dokumente, d.h. Schriftstücke, die von einer Funktion verarbeitet oder erzeugt werden, Prozesswegweiser, die dem Verweis auf separat modellierte Teilprozesse dienen (Bächle et al., 2021, S. 66), und Datenflüsse zur Verknüpfung eines Informationsobjekts mit einer Funktion (Gadatsch, 2020, S. 121).

Prozessmodellierung mittels BPMN

Die BPMN ist eine standardisierte, formale Modellierungssprache zur Erstellung fachlicher und technischer Prozessmodelle (Schmelzer & Sesselmann, 2020, S. 648). Sie stellt heute den meist eingesetzten Standard für die Modellierung von Geschäftsprozessen dar (Fleischmann et al., 2018, S. 73; Gadatsch, 2020, S. 127). Dies liegt neben ihrer weltweiten Standardisierung (Gadatsch, 2020, S. 127) auch an der Möglichkeit, über die Prozessmodellierung im Sinne der Dokumentation von Geschäftsprozessen hinausgehende Modelle zu erstellen, die zusätzlich unmittelbar zur IT-unterstützten Ausführung geeignet sind (Fleischmann et al., 2018, S. 91–92). Dadurch verbindet die BPMN die Geschäftsprozessmodellierung mit der -implementierung (Leimeister, 2021, S. 215).

Im Zentrum der Modellierung mit BPMN steht die Darstellung von Geschäftsprozessen als zeitlich-logische Abfolge von Aufgaben, die zusätzlich hinsichtlich ihrer organisationalen Verantwortlichkeiten strukturiert werden. Dabei beginnt und endet jeder Prozess mit einem Ereignis. Dazwischen steht eine Abfolge von Aktivitäten. Diese stellen die Arbeitsschritte dar, die im Prozessablauf abzuarbeiten sind. Sie können bei Bedarf in Form von Teilprozessen weiter verfeinert werden. Streng genommen bezeichnet eine Aufgabe dabei eine nicht teilbare Aktivität, während Teilprozesse aus mehreren Teil-Aktivitäten bestehen. Ereignisse repräsentieren analog zu den EPK Zustandsänderungen, wobei Startereignisse den Beginn und Endereignisse das Ende eines Prozesses markieren (Fleischmann et al., 2018, S. 93–94; Pufahl, 2021, S. 52). Innerhalb des Prozesses können zusätzliche Zwischenereignisse modelliert werden (Freund & Rücker, 2019, S. 33). Zur Darstellung der Bedingungen, unter denen bestimmte Aufgaben innerhalb eines Geschäftsprozesses abzuarbeiten sind, dienen in der BPMN die sogenannten Gateways (Fleischmann et al., 2018, S. 93; Freund & Rücker, 2019, S. 28). Sie können sowohl zur Modellierung von Verzweigungen im Prozessablauf als auch zur Darstellung paralleler Abläufe eingesetzt werden (Gadatsch, 2020, S. 131). Dabei stehen analog zu den EPK das parallele oder AND-Gateway, das inklusive oder OR-Gateway sowie das exklusive oder XOR-Gateway zur Verfügung (Fleischmann et al., 2018, S. 94).

Die Verbindung dieser drei Elemente, die auch als Flussobjekte bezeichnet werden, erfolgt über sogenannte Sequenzflüsse (Freund & Rücker, 2019, S. 28). Diese stellen in

Form von Pfeilen die zeitlich-logische Reihenfolge dar, in der die Aktivitäten, Ereignisse und Gateways zueinander stehen (Freund & Rücker, 2019, S. 34; Pufahl, 2021, S. 50). Dabei können Aktivitäten und Ereignisse im Gegensatz zu Gateways nur jeweils einen ein- bzw. ausgehenden Sequenzfluss haben (Bächle et al., 2021, S. 74). Zusätzlich gibt es bezüglich der Verbindung der Flusselemente über Sequenzflüsse dahingehend Einschränkungen, dass diese ausschließlich innerhalb eines Pools bzw. einer Lane möglich ist. Pools und Lanes dienen in der BPMN zur Darstellung der organisationalen Verantwortlichkeiten (Fleischmann et al., 2018, S. 93). Dabei repräsentiert ein Pool einen eigenständigen Geschäftsprozess und „stellt dar, dass eine bestimmte Organisationseinheit für den Prozess verantwortlich ist." (Pufahl, 2021, S. 62). Demgegenüber stellen Lanes die Verantwortlichkeiten für einzelne Aktivitäten innerhalb eines Pools dar. Ein Pool kann folglich durch Lanes weiter unterteilt werden (Pufahl, 2021, S. 51). Der Informationsaustausch zwischen verschiedenen Pools erfolgt dabei über sogenannte Nachrichtenflüsse (Pufahl, 2021, S. 64). Die Unterscheidung zwischen Sequenz- und Nachrichtenflüssen „erlaubt es, zusammenhängende Prozesse darzustellen und zusätzlich den Nachrichtenfluss bei Überschreitung von Organisationsgrenzen zu modellieren." (Gadatsch, 2020, S. 128). Zudem können über Artefakte zusätzliche Informationen zu einem Geschäftsprozess geliefert werden, die keinen Einfluss auf dessen Ablauf haben. Sie werden über sogenannte Assoziationen mit dem betreffenden Flussobjekt verbunden (Freund & Rücker, 2019, S. 28). Ebenfalls über Assoziationen können Datenobjekte und Datenspeicher mit Flussobjekten und auch Sequenzflüssen verbunden werden (Freund & Rücker, 2019, S. 100). Bei diesen Datenelementen geht es „um die Erzeugung, Verarbeitung und Ablage von Informationen, die im Rahmen der Prozessabarbeitung relevant werden können." (Freund & Rücker, 2019, S. 29).

Durch ihre Sprachkonzeption ist die BPMN vor allem hinsichtlich ihrer Möglichkeiten zur vergleichsweise kompakten Abbildung komplexer Abläufe von hoher Bedeutung (Fleischmann et al., 2018, S. 73). Zusätzlich ermöglicht die sehr umfangreiche Notation der BPMN die Abbildung sowohl fachlicher als auch technischer Aspekte, was sie wesentlich von anderen Modellierungsmethoden unterscheidet (Gadatsch, 2020, S. 127).

Abgrenzung von EPK bzw. eEPK und BPMN

Sowohl mit der EPK- als auch der BPMN-Methode lassen sich Geschäftsprozesse grafisch in Form von Flussdiagrammen modellieren (Bächle et al., 2021, S. 71; Gadatsch, 2020, S. 147). Allerdings handelt es sich bei ersterer um eine nicht standardisierte und bei zweiterer um eine weltweit standardisierte Modellierungssprache zur Erstellung von Geschäftsprozessmodellen (Schmelzer & Sesselmann, 2020, S. 648–649). Dabei kann die EPK aufgrund ihrer wenigen Notationselemente vergleichsweise schnell erlernt werden (Gadatsch, 2020, S. 127), während die BPMN aufgrund ihrer sehr umfassenden Notation mit über 100 Symbolen deutlich komplexer ist und dementsprechend einen sehr viel höheren Einarbeitungsaufwand erfordert (Gadatsch, 2020, S. 140).

Auch wenn die beiden Methoden „hinsichtlich der Möglichkeiten, die sie zur Darstellung von Geschäftsprozessen bieten, als weitgehend äquivalent eingestuft werden" können (Rosemann et al., 2012, S. 74), ergeben sich doch Unterschiede hinsichtlich ihrer Eignungsschwerpunkte. So geht es bei der EPK lediglich um die Modellierung des Prozessablaufs, der in der eEPK jedoch um die Organisations- und Datensicht erweitert wird (Fleischmann et al., 2018, S. 78). Bei der BPMN steht dagegen die zeitlich-logische Darstellung von Aufgaben innerhalb eines Geschäftsprozesses sowie deren Strukturierung hinsichtlich ihrer organisationalen Verantwortlichkeiten im Vordergrund. Die Darstellung von Daten ist dabei „nur ansatzweise und im Kontext von Prozessabläufen vorgesehen." (Fleischmann et al., 2018, S. 93). Die Verwendung der EPK bietet sich somit eher für Modelle an, bei denen es um die Darstellung des reinen Prozessablaufs geht, während die BPMN sich gleichermaßen für Modelle eignet, bei denen der Prozessablauf oder aber die Verantwortlichkeiten für den Prozess und deren Kommunikation im Vordergrund stehen (Fleischmann et al., 2018, S. 127). Zudem ermöglicht die BPMN neben der fachlichen Modellierung, auch „die technische Modellierung und Ausführung der Modelle" (Gadatsch, 2020, S. 140). Mittels BPMN können somit auch Geschäftsprozessmodelle erstellt werden, die bereits zur IT-gestützten Ausführung bzw. Prozessautomatisierung geeignet sind, was für moderne BPM-Projekte einen entscheidenden Vorteil gegenüber der EPK bzw. eEPK bietet (Freund & Rücker, 2019, S. 107; Leimeister, 2021, S. 215).

Hinsichtlich der grundlegenden Notationselemente finden sich dagegen viele Entsprechungen zwischen der EPK bzw. eEPK und BPMN. So entsprechen die Funktionen, Ereignisse, Konnektoren und Kontrollflüsse in der EPK in ihren Grundzügen weitgehend den Aufgaben, Ereignissen, Gateways und Sequenzflüssen in der BPMN. Auch die Organisationseinheiten in der eEPK finden mit den Pools ihre Entsprechung in der BPMN (Freund & Rücker, 2019, S. 71–73). Die BPMN erlaubt jedoch mit den Nachrichtenflüssen zusätzlich die Modellierung des Informationsflusses über Organisationseinheiten und Geschäftsprozesse hinweg (Gadatsch, 2020, S. 128). Unterschiede bestehen außerdem in der Darstellungsform. So wird z.B. eine Funktion in beiden Methoden als abgerundetes Rechteck dargestellt, ein Ereignis aber in der EPK als Sechseck und in der BPMN als Kreis (Schmelzer & Sesselmann, 2020, S. 647).Zudem gibt es im Gegensatz zur EPK in der BPMN keine strikte Alternierung von Aktivitäten bzw. Aufgaben und Ereignissen (Rosemann et al., 2012, S. 72).

Aufgabe 3 – Procure-to-Pay Prozess und SRM-Systeme

Systeme für das Enterprise Resource Planning (ERP) im Allgemeinen bzw. das Supplier Relationship Management (SRM) im Speziellen spielen im Rahmen der Automatisierung von Geschäftsprozessen eine zentrale Rolle für Unternehmen (Janiesch, 2021, S. 154–155). Dabei zählt der Procure-to-Pay Prozess als Beschaffungsprozess zu den wichtigsten Prozessen, die von den meisten ERP-Systemen vollständig abgedeckt werden (Dumas et al., 2021, S. 401).

Der Procure-to-Pay Prozess

„Der Procure-to-Pay Prozess verbindet ganzheitlich alle Schritte in dem operativen Part der Beschaffung – von der Bedarfsanforderung über den Kauf einer Ware oder einer Dienstleistung bis hin zur Lieferung inklusive Zahlung." (Wannenwetsch, 2021, S. 563). Er zählt zu denjenigen Prozessen, die in nahezu jedem Unternehmen vorhanden sind (Dumas et al., 2021, S. 2). Gleichzeitig zählt er neben dem Order-to-Cash und Market-to-Order Prozess zu den wichtigsten Geschäftsprozessen, die mit Hilfe betrieblicher Informationssysteme unterstützt werden (Hansen, Mendling & Neumann, 2019, S. 164). Da er die „Abfolge von Vorgängen, die im Unternehmen von der Beschaffung bis zum Bezahlen einer Rechnung abgewickelt werden", widerspiegelt, wird er häufig auch als Purchase-to-Pay Prozess bezeichnet (Kischporski, 2015, S. 30). Es handelt sich dabei um einen Geschäftsprozess für die Erfüllung eines internen Bedarfs (Dumas et al., 2021, S. 3).

Der Procure-to-Pay Prozess beginnt mit der Feststellung eines organisationalen Bedarfs und endet mit der Bezahlung der bestellten Produkte bzw. Dienstleistungen. Dazwischen beschreibt er sämtliche Prozessschritte, die „Aktivitäten wie das Einholen von Angeboten, die Genehmigung des Kaufs, die Auswahl eines Lieferanten, die Erteilung einer Bestellung, den Erhalt der Waren oder Dienstleistung und das Bezahlen der Rechnung" umfassen (Dumas et al., 2021, S. 2). Der erste Schritt besteht folglich in der Feststellung eines Bedarfs, der sich sowohl auf ein Produkt als auch eine Dienstleistung beziehen kann. Hieraus ergibt sich die Bedarfsmeldung, die durch das Erstellen der Bestellanfrage im Prozess abgebildet wird. Am Beispiel eines Produkts erfolgt darauf aufbauend die Bestandsprüfung, d.h. die Überprüfung, ob noch entsprechende Produkte auf Lager sind. Ist dies nicht der Fall bzw. sind nicht mehr ausreichend Produkte auf Lager ist eine Abstimmung mit dem Vorgesetzten bzw. Entscheidungsträger erforderlich. Dieser entscheidet, ob die angefragten Artikel bestellt werden dürfen. Gleichzeitig erteilt dieser auch die Freigabe des für die Bestellung benötigten Budgets. Aufbauend auf der genehmigten Bestellung erfolgen die Auswahl eines geeigneten Lieferanten sowie die Aufgabe der Bestellung (Bogaschewsky & Müller, 2020, S. 199; Dumas et al., 2021, S. 21–22; Hansen et al., 2019, S. 96; Kischporski, 2015, S. 30; Liebetruth, 2020, S. 7–8). An dieser Stelle soll darauf hingewiesen werden, dass die Lieferantenauswahl teilweise nicht direkt dem Procure-to-Pay Prozess, sondern dem vorgelagerten Source-to-Contract Prozess zugerechnet wird. Dies ist insbesondere dann der Fall, wenn es um das Abschließen von Lieferantenverträgen geht (Jain & Woodcock, 2017). Bestehen bereits Verträge mit den relevanten Lieferanten, kann deren Auswahl auf Basis der Verfügbarkeit der für eine konkrete Bestellung gewünschten Artikel dennoch im Rahmen des Procure-to-Pay Prozesses erfolgen (Dumas et al., 2021, S. 22). Ist die Bestellung aufgegeben, erhält das Unternehmen vom Lieferanten gegebenenfalls zusätzlich eine Auftrags- bzw. Bestellbestätigung. Es folgt die Lieferung der bestellten Artikel. Nachdem die Ware eingegangen ist, wird diese einer Wareneingangsprüfung unterzogen, im Zuge derer die Korrektheit der Lieferung in Bezug auf Menge und Qualität überprüft wird. Hierzu erfolgt zusätzlich ein Abgleich mit dem Lieferschein. Sofern die Lieferung korrekt ist, erfolgt im Anschluss an die Wareneingangskontrolle die Wareneingangsbuchung. Im nächsten Schritt erhält die Buchhaltungsabteilung den Auftrag, die Rechnung des Lieferanten zu prüfen und anschließend zu begleichen, womit der Procure-to-Pay Prozess abgeschlossen ist (Bogaschewsky & Müller, 2020, S. 199; Hansen et al., 2019, S. 96; Kischporski, 2015, S. 30; Liebetruth, 2020, S. 8). Betrachtet man den Prozess als Ganzes, wird deutlich, dass häufig eine Vielzahl an Abteilungen und Personen an diesem beteiligt sind. Zudem umfasst er neben den einzelnen Prozessschritten sämtliche Dokumente und Freigabeprozesse, die im Zusammenhang mit der Beschaffung und Bezahlung eines Produkts oder einer Dienstleistung anfallen (Kischporski, 2015, S. 30).

Abbildung 1 zeigt ein beispielhaftes Prozessmodell für den Procure-to-Pay Prozess inklusive der einzelnen Schritte eines typischen Prozessablaufs, wie sie im Fall der Beschaffung von Produktionsfaktoren anfallen. Je nach konkretem Beschaffungsobjekt kann dieses Modell jedoch sehr unterschiedlich ausgestaltet sein (Liebetruth, 2020, S. 6). Die Darstellung des Prozessmodells erfolgt dabei mittels der Modellierungssprache BPMN, da diese heutzutage als weit verbreiteter Standard für die Prozessmodellierung gilt (Dumas et al., 2021, S. 21). Zudem bietet die BPMN im Gegensatz zur Modellierung mittels EPK bzw. eEPK den Vorteil, dass die Geschäftsprozessmodelle unmittelbar zur IT-gestützten Ausführung bzw. Prozessautomatisierung geeignet sind (Freund & Rücker, 2019, S. 107; Leimeister, 2021, S. 215). Dies erscheint besonders wichtig vor dem Hintergrund, dass gerade der Procure-to-Pay Prozess in vielen Unternehmen zunehmend automatisiert wird (Appelfeller, 2020, S. 275; Wannenwetsch, 2021, S. 562).

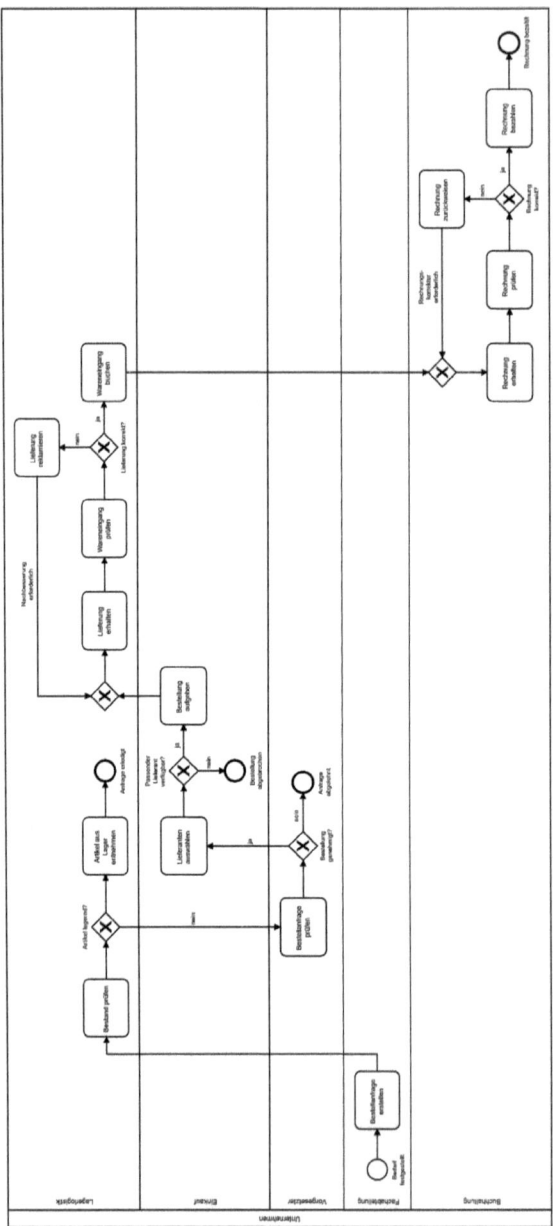

Abbildung 1: Prozessmodell für den Procure-to-Pay Prozess (Darstellung mittels BPMN).
(Quelle: Eigene Darstellung in Anlehnung an Hansen et al. (2019), S. 95; trendreport (2019).)

An den verschiedenen Lanes lassen sich die Zuständigkeiten für die jeweiligen Aufgaben innerhalb des Prozesses gut erkennen. So stellt eine bestimmte Fachabteilung einen Bedarf fest, während die Verfügbarkeit der benötigten Artikel von der Lagerlogistik geprüft wird. Diese ist nach der Bestellgenehmigung durch den Vorgesetzten sowie der Lieferantenauswahl und Bestellaufgabe durch den Einkauf auch für alle Aufgaben rund um den Wareneingang verantwortlich. Der Buchhaltung obliegt schließlich die Verantwortung für das Prüfen und Bezahlen der vom Lieferanten erhaltenen Rechnung. Der Prozess kann vorzeitig enden, falls noch ausreichend benötigte Artikel auf Lager sind, die Bestellanfrage vom Vorgesetzten nicht genehmigt oder kein geeigneter Lieferant gefunden wird. Treten keine derartigen Zwischenfälle auf, endet der Prozess ordnungsgemäß mit dem Bezahlen der Rechnung.

Durch die konsequente Automatisierung von Geschäftsprozessen wie dem Procure-to-Pay Prozess können Unternehmen in den Bereichen Einkauf und Beschaffung nicht nur Zeit, sondern auch Geld sparen (Kischporski, 2015, S. 30).

Funktionen von SRM-Systemen

Sowohl ERP- als auch SRM-Systeme sind geschäftsprozessbasierte Anwendungssysteme, die zur Automatisierung von Geschäftsprozessen genutzt werden (Janiesch, 2021, S. 154–155). Erstere stellen dabei IT-Anwendungssysteme zur Steuerung des gesamten Unternehmens dar, während es sich bei zweiteren um spezielle IT-Anwendungssysteme zur Steuerung der lieferantenbezogenen Prozesse eines Unternehmens handelt (Appelfeller & Feldmann, 2018, S. 8). Appelfeller und Buchholz (2011, S. 6) definieren SRM darauf aufbauend als „die von einer Beschaffungsgesamtstrategie ausgehende IT-gestützte Gestaltung der strategischen und operativen Beschaffungsprozesse und des Lieferantenmanagements". ERP- bzw. SRM-Systeme decken somit auch den oben dargestellten Procure-to-Pay Prozess ab, der die einzelnen Schritte des operativen Beschaffungsprozesses in einem Prozessmodell abbildet (Appelfeller, 2020, S. 275; Dumas et al., 2021, S. 401; Wannenwetsch, 2021, S. 563). Allweyer (2005, S. 313) stellt zusätzlich die Lieferantenbeziehungen in den Vordergrund, indem er SRM als „ein Konzept zum integrierten Management aller Beziehungen zu Lieferanten, von der Lieferantenauswahl über Rahmenverträge und Bestellabwicklungen bis zur Überwachung und Beurteilung der Lieferanten" bezeichnet.

SRM-Systeme unterstützen demnach das Beschaffungs- und Lieferantenmanagement von Unternehmen (Appelfeller & Feldmann, 2018, S. 52), indem sie unter anderem Funktionen des E-Sourcing und E-Procurements bereitstellen (Wannenwetsch, 2021,

S. 227). Diese umfassen Informationsfunktionen wie das Bereitstellen von elektroni-
schen Produktkatalogen oder Katalogsystemen, die sowohl dem beschaffenden Unternehmen einen Überblick über die verfügbaren Artikel geben als auch dem Lieferanten
ermöglichen, die Artikeldaten direkt im System zu pflegen. Darauf aufbauend lässt sich
mit Hilfe von SRM-Systemen die weitgehend automatisierte Abwicklung der Beschaffungsprozesse verwirklichen, indem z.B. E-Procurement-Lösungen und digitale Zah-
lungstools angeboten werden. SRM-Systeme tragen somit wesentlich zur Koordination
von Prozessabläufen sowie dem Informationsaustausch entlang der beschaffungsbezogenen Prozesse eines Unternehmens bei. Sie ermöglichen dabei nicht nur einen
standardisierten Datenaustausch, sondern auch eine gemeinsame Bearbeitung relevan-
ter Daten (Kollmann, 2019, S. 209–210). Zu den Daten, die in einem SRM-System ge-
pflegt werden, zählen unter anderem Lieferantendaten, Produktkataloge, Artikelverfüg-
barkeiten, Angebote, Verträge und mit den jeweiligen Lieferanten ausgehandelte Kondi-
tionen, aber auch z.B. Angaben zu Risiken und Qualität (Appelfeller & Feldmann, 2018,
S. 55–56; Appelfeller, 2020, S. 276–277; Wannenwetsch, 2021, S. 227). Durch
Electronic Data Interchange (EDI) können Dokumente wie Bestellbestätigungen, Rechnungen oder Lieferscheine auf einfachem Weg elektronisch zwischen beschaffendem
Unternehmen und Lieferant ausgetauscht werden. Hierdurch lassen sich Medienbrüche
vermeiden und ein weitestgehend standardisierter Datenaustausch verwirklichen
(Appelfeller & Feldmann, 2018, S. 55–56). SRM-Systeme stellen demnach ein umfas-
sendes „internetfähiges Beschaffungssystem [dar], über das neben vielen weiteren
Funktionalitäten mit dem Lieferanten Daten ausgetauscht werden können." (Appelfeller
& Feldmann, 2018, S. 55). Teilweise beinhalten derartige Systeme zusätzlich Funktiona-
litäten zur Unterstützung der Lieferantenauswahl und -bewertung (Kollmann, 2019,
S. 210).

SRM-Systeme tragen somit wesentlich zur Automatisierung von Prozessen wie insbesondere auch dem Procure-to-Pay Prozess bei, indem sie eine weitgehend automatische Durchführung von Aufgaben wie Bedarfsermittlung, Bestellaufgabe oder Rech-
nungsprüfung ermöglichen und so die Mitarbeiter eines Unternehmens von operativen
Tätigkeiten entlasten (Appelfeller, 2020, S. 275).

Ein konkretes Beispiel für ein weit verbreitetes SRM-System ist das SAP SRM bzw.
dessen Weiterentwicklung SAP Ariba, einer cloudbasierten Lösung für das Be-
schaffungs- und Lieferantenmanagement (Appelfeller, 2020, S. 278). Beide Systeme
tragen laut Anbieterangaben wesentlich zur Optimierung und Standardisierung der
Einkaufs- und Beschaffungsfunktionen von Unternehmen bei (Ariba Inc., o. J.). SAP
Ariba erweitert das bisherige SAP SRM insbesondere hinsichtlich der Digitalisierung des

gesamten Source-to-Pay Prozesses, wodurch sich einerseits Kosten senken lassen und andererseits die Prozesseffizienz erhöht werden kann (Schmitz, 2016). Der Source-to-Pay Prozess bezeichnet dabei den gesamten Prozess von der Entwicklung spezifischer Beschaffungsstrategien bis zum Bezahlen der Rechnung. Er fasst damit den Source-to-Contract Prozess, der alle Prozessschritte von der strategischen Beschaffung bis zum Lieferantenvertrag umfasst, und den Procure-to-Pay Prozess, der sämtliche Prozessschritte von der Bestellanfrage bis zur Rechnungszahlung beschreibt, zusammen (Jain & Woodcock, 2017).

Damit die automatisierten Prozesse allerdings tatsächlich zu einer Effizienzsteigerung führen, müssen SRM- und ERP-Systeme über IT-Schnittstellen miteinander verbunden sein (Appelfeller, 2020, S. 275). Diese Anbindung ermöglicht die automatische Übertragung von Daten, die in eines der beiden Systeme eingetragen wurden, in das jeweils andere System. Die Daten müssen folglich nur ein einziges Mal eingegeben werden, wodurch sich sowohl der Aufwand für die Datenpflege deutlich reduzieren als auch mehrfache redundante Datenhaltung vermeiden lässt (Appelfeller & Buchholz, 2011, S. 29; Appelfeller & Feldmann, 2018, S. 62; Janiesch, 2021, S. 154). SRM-Systeme erweitern in diesem Zusammenhang die Funktionalitäten von ERP-Systemen unter anderem dahingehend, dass diese eine direkte webbasierte Anbindung der Lieferanten an das Unternehmen bieten. Lieferanten können ihre Angebote, Auftragsbestätigungen oder Rechnungen dadurch auf einfachem Weg über einen Webbrowser selbst in das SRM-System des beschaffenden Unternehmens einpflegen. Andererseits gibt es hinsichtlich der Funktionen von SRM- und ERP-Systemen mitunter Überschneidungen, da z.B. Ausschreibungen und Bestellungen mit beiden Systemen abgewickelt werden können (Appelfeller & Buchholz, 2011, S. 18).

Durch die Auslagerung von beschaffungsbezogenen Prozessen aus dem ERP- in ein SRM-System ergeben sich dahingehend Vorteile, dass die Prozessabwicklung durch die direkte Anbindung der Lieferanten im SRM-System deutlich vereinfacht wird. Lieferanten können ihre Daten und Angebote so direkt im SRM-System des Kunden, d.h. des beschaffenden Unternehmens, einpflegen. Zudem können einzelne Prozessschritte wie z.B. sogenannte Auktionen zur Lieferantenauswahl auf Basis des gebotenen Preises nicht über ERP-Systeme abgebildet werden. Auch für die Lieferantenbewertung sowie das Management von Lieferantenrisiken sind ERP-Systeme nur bedingt geeignet, weshalb diese Funktionen in SRM-Systeme ausgelagert werden (Appelfeller, 2020, S. 264–265).

Ein Nachteil der Auslagerung von Teilprozessen aus dem ERP-System ist, wie oben bereits angedeutet, die Gefahr von Ungereimtheiten bzw. uneinheitlicher Vorgehensweise aufgrund von Überschneidungen hinsichtlich der Funktionalitäten von ERP- und SRM-System. So kann z.b. eine Bestellung sowohl über das SRM- als auch das ERP-System abgewickelt werden (Appelfeller & Buchholz, 2011, S. 18). Zudem benötigen SRM-Systeme insbesondere für die Analyse und Auswertung von lieferanten- bzw. beschaffungsbezogenen Daten eine entsprechend umfassende Datenbasis. Hierzu müssen diese auf ERP- bzw. Data Warehouse-Systeme zugreifen (Appelfeller, 2020, S. 272). Um die Vorteile eines SRM-Systems überhaupt nutzen zu können, müssen darüber hinaus im Vorfeld entsprechende Schnittstellen geschaffen werden, um dieses an das ERP-System anbinden zu können. Dieser zusätzliche Zeit- und Kostenaufwand ist erforderlich, „um reibungslose und effiziente Prozesse durchführen zu können." (Appelfeller, 2020, S. 275). Bei mangelhafter Anbindung besteht die Gefahr von mehrfacher und damit ressourcenaufwendiger Dateneingabe sowie redundanten Datenbeständen (Kollmann, 2019, S. 243).

Literaturverzeichnis

Allweyer, T. (2005). *Geschäftsprozessmanagement. Strategie, Entwurf, Implementierung, Controlling* (IT lernen). Herdecke, Bochum: W3L-Verlag.

Appelfeller, W. (2020). E-Supplier Relationship Management und die digitale Transformation der Beschaffung. In T. Kollmann (Hrsg.), *Handbuch Digitale Wirtschaft* (S. 257–281). Wiesbaden: Springer Gabler. https://doi.org/10.1007/978-3-658-17291-6_17

Appelfeller, W. & Buchholz, W. (2011). *Supplier Relationship Management. Strategie, Organisation und IT des modernen Beschaffungsmanagements* (Lehrbuch, 2., vollständig überarbeitete und erweiterte Auflage). Wiesbaden: Gabler. https://doi.org/10.1007/978-3-8349-6424-3

Appelfeller, W. & Feldmann, C. (2018). *Die digitale Transformation des Unternehmens. Systematischer Leitfaden mit zehn Elementen zur Strukturierung und Reifegradmessung.* Berlin: Springer Gabler. https://doi.org/10.1007/978-3-662-54061-9

Bächle, M. A., Daurer, S. & Kolb, A. (2021). *Einführung in die Wirtschaftsinformatik. Ein fallstudienbasiertes Lohrbuch* (5., aktualisierte und erweiterte Auflage). Berlin, Boston: De Gruyter Oldenbourg. https://doi.org/10.1515/9783110722260

Bogaschewsky, R. & Müller, H. (2020). Katalogbasierte Beschaffungssysteme. In T. Kollmann (Hrsg.), *Handbuch Digitale Wirtschaft* (S. 187–211). Wiesbaden: Springer Gabler. https://doi.org/10.1007/978-3-658-17291-6_11

Dumas, M., La Rosa, M., Mendling, J. & Reijers, H. A. (2021). *Grundlagen des Geschäftsprozessmanagements. Übersetzt von Thomas Grisold, Steven Groß, Jan Mendling, Bastian Wurm.* Berlin: Springer Vieweg.

Fleischmann, A., Oppl, S., Schmidt, W. & Stary, C. (2018). *Ganzheitliche Digitalisierung von Prozessen. Perspektivenwechsel - Design Thinking - Wertegeleitete Interaktion.* Wiesbaden: Springer Vieweg. https://doi.org/10.1007/978-3-658-22648-0

Freund, J. & Rücker, B. (2019). *Praxishandbuch BPMN. Mit Einführung in DMN* (6., aktualisierte Auflage). München: Hanser.

Gadatsch, A. (2020). *Grundkurs Geschäftsprozess-Management. Analyse, Modellierung, Optimierung und Controlling von Prozessen* (Lehrbuch, 9., aktualisierte und erweiterte Auflage). Wiesbaden: Springer Vieweg. https://doi.org/10.1007/978-3-658-27812-0

Hansen, H. R., Mendling, J. & Neumann, G. (2019). *Wirtschaftsinformatik. Grundlagen und Anwendungen* (De Gruyter Studium, 12. völlig neu bearbeitete Auflage). Berlin, Boston: De Gruyter. https://doi.org/10.1515/9783110608731

Janiesch, C. (2021). Geschäftsprozessmanagementsysteme und Robotic Process Automation. In R. Laue, A. Koschmider & D. Fahland (Hrsg.), *Prozessmanagement und Process-Mining. Grundlagen* (De Gruyter Studium, S. 153–164). Berlin, Boston: De Gruyter.

Kischporski, M. (2015). *Elektronischer Rechnungsdatenaustausch mit E-Invoicing. Wertbeitrag durch echte Digitalisierung in der Supply Chain Finance mittels Dynamic Discounting im Zusammenspiel zwischen Einkauf und Finanzwesen* (Edition KWV). Wiesbaden: Springer Gabler. https://doi.org/10.1007/978-3-658-23110-1

Kollmann, T. (2019). *E-Business. Grundlagen elektronischer Geschäftsprozesse in der Digitalen Wirtschaft* (Lehrbuch, 7., überarbeitete und erweiterte Auflage). Wiesbaden: Springer Gabler. https://doi.org/10.1007/978-3-658-26143-6

Koschmider, A. (2021). Grundlagen. In R. Laue, A. Koschmider & D. Fahland (Hrsg.), *Prozessmanagement und Process-Mining. Grundlagen* (De Gruyter Studium, S. 1–12). Berlin, Boston: De Gruyter.

Laue, R. (2021). Ereignisgesteuerte Prozessketten. In R. Laue, A. Koschmider & D. Fahland (Hrsg.), *Prozessmanagement und Process-Mining. Grundlagen* (De Gruyter Studium, S. 31–48). Berlin, Boston: De Gruyter.

Leimeister, J. M. (2021). *Einführung in die Wirtschaftsinformatik* (Lehrbuch, 13., aktualisierte und überarbeitete Auflage). Berlin: Springer Gabler. https://doi.org/10.1007/978-3-662-63560-5

Liebetruth, T. (2020). *Prozessmanagement in Einkauf und Logistik. Instrumente und Methoden für das Supply Chain Process Management* (2., aktualisierte und erweiterte Auflage). Wiesbaden: Springer Gabler. https://doi.org/10.1007/978-3-658-28293-6

Pufahl, L. (2021). Business Process Model and Notation. In R. Laue, A. Koschmider & D. Fahland (Hrsg.), *Prozessmanagement und Process-Mining. Grundlagen* (De Gruyter Studium, S. 49–68). Berlin, Boston: De Gruyter.

Rosemann, M., Schwegmann, A. & Delfmann, P. (2012). Vorbereitung der Prozessmodellierung. In J. Becker, M. Kugeler & M. Rosemann (Hrsg.), *Prozessmanagement. Ein Leitfaden zur prozessorientierten Organisationsgestaltung* (7., korrigierte und erweiterte Auflage, S. 47–111). Berlin, Heidelberg: Springer Gabler. https://doi.org/10.1007/978-3-642-33844-1_3

Schmelzer, H. J. & Sesselmann, W. (2020). *Geschäftsprozessmanagement in der Praxis. Kunden zufriedenstellen, Produktivität steigern, Wert erhöhen* (9., vollständig überarbeitete Auflage). München: Hanser. https://doi.org/10.3139/9783446467095

Schwarz, L., Neumann, T. & Teich, T. (2018). *Geschäftsprozesse praxisorientiert modellieren. Handbuch zur Reduzierung der Komplexität.* Berlin: Springer Gabler. https://doi.org/10.1007/978-3-662-54212-5

Wannenwetsch, H. (2021). *Integrierte Materialwirtschaft, Logistik, Beschaffung und Produktion. Supply Chain im Zeitalter der Digitalisierung* (6. Auflage). Berlin: Springer Vieweg. https://doi.org/10.1007/978-3-662-61095-4

Wollert, T. (2019). *ERP-Systeme – Einführung und Anwendung* (Studienbrief der SRH Fernhochschule, 1. Auflage). Riedlingen.

Internetquellenverzeichnis

Ariba Inc. (o. J.). *Die Zukunft von SAP SRM sind SAP-Ariba-Lösungen und SAP S/4HANA.* Zugriff am 01.06.2022. Verfügbar unter: https://www.ariba.com/de-de/programs/transform-srm

Jain, K. & Woodcock, E. (2017). *A road map for digitizing source-to-pay.* Zugriff am 01.06.2022. Verfügbar unter: https://www.mckinsey.com/business-functions/operations/our-insights/a-road-map-for-digitizing-source-to-pay

Schmitz, A. (2016). *SAP SRM-Kunden: Auf SAP S/4HANA Sourcing & Procurement vorbereiten.* Zugriff am 01.06.2022. Verfügbar unter: https://news.sap.com/germany/2016/11/srm-sap-s4hana-ariba/

trendreport (TREND REPORT – Redaktion und Zeitung für moderne Wirtschaft, Hrsg.). (2019). *Geschäftsprozess modelliert in BPMN 2.0.* Zugriff am 26.05.2022. Verfügbar unter: https://www.trendreport.de/smarte-tools-trimmen-geschaeftsprozesse-auf-effizienz/geschäftsprozess-modelliert-in-bpmn-2-0/